AF257677

Vente du Mercredi 18 Mai 1898

(SALLES SILVESTRE)

CATALOGUE

DE LA

BIBLIOTHÈQUE

DE FEU

M. G. RENOUARD

PREMIÈRE PARTIE

LIVRES RARES ANCIENS ET MODERNES
LA PLUPART ORNÉS DE FIGURES
SUITES DE VIGNETTES DES XVIIIe ET XIXe SIÈCLES
DESSINS, AQUARELLES, ESTAMPES, ETC.

PARIS

ÉM. PAUL ET FILS ET GUILLEMIN

LIBRAIRES DE LA BIBLIOTHÈQUE NATIONALE

28, RUE DES BONS-ENFANTS, 28

1898

Paris, 16 Mai 1898.

M

Nous avons l'honneur de vous informer que la VENTE RENOUARD (**première partie**) *du Mercredi 18 Mai*, annoncée par erreur Salles Silvestre, aura lieu à l'**Hôtel Drouot, salle n° 8**, à *deux heures précises du soir.*

Veuillez agréer, Monsieur, nos salutations empressées.

ÉM. PAUL & FILS & GUILLEMIN,
28, rue des Bons-Enfants.

[illegible]
[illegible]

[illegible]

[illegible]
[illegible]
[illegible]
[illegible]
[illegible]
[illegible]

[illegible]

CATALOGUE

DE LA

BIBLIOTHÈQUE

DE FEU

M. G. RENOUARD

PREMIÈRE PARTIE

LIVRES RARES ANCIENS ET MODERNES
LA PLUPART ORNÉS DE FIGURES
SUITES DE VIGNETTES DES XVIIIe ET XIXe SIÈCLES
DESSINS, AQUARELLES, ESTAMPES, ETC.

PARIS

ÉM. PAUL ET FILS ET GUILLEMIN

LIBRAIRES DE LA BIBLIOTHÈQUE NATIONALE

28, RUE DES BONS-ENFANTS, 28

1898

LA VENTE AURA LIEU

Le Mercredi 18 Mai 1898

A DEUX HEURES PRÉCISES DU SOIR

A L'HOTEL DES COMMISSAIRES-PRISEURS, RUE DROUOT, 9

SALLE N° 8

Par le ministère de Me **MAURICE DELESTRE**, Commissaire-Priseur

5, RUE SAINT-GEORGES

Assisté de **MM. ÉM. PAUL et FILS et GUILLEMIN**

LIBRAIRES-EXPERTS

28, RUE DES BONS-ENFANTS

ORDRE DE LA VACATION

NUMÉROS	20 à 168
—	2 à 19
—	1

CONDITIONS DE LA VENTE

La vente se fait expressément au comptant.

Les acquéreurs payeront 5 pour cent en sus des adjudications.

Il y aura exposition le jour de la vente, de 1 à 2 heures.

Les vendeurs se réservent la faculté de diviser les lots de vignettes, dessins, estampes, etc.

Les livres devront être collationnés dans les vingt-quatre heures de l'adjudication. Passé ce délai, ils ne seront repris pour aucune cause.

Les Libraires, chargés de la vente, rempliront les commissions des personnes qui ne pourraient y assister.

CATALOGUE

DE LA

BIBLIOTHÈQUE

DE

FEU M. G. RENOUARD

PREMIÈRE PARTIE

LIVRES ANCIENS

1. **HEURES A L'USAGE DE TOURS** tout ‖ au long sans riés requérir. Impri‖mées nouvellement à Paris. ‖ (A la fin :)... *Imprimé à Paris, par Nicolas Hicman pour Guillaume Godard...* (Almanach de 1526 à 1537), in-8, goth. fig. et bordures sur bois, mar. grenat, fil. et encadr. de dent. à fr. dent. int. tr. dor. (*Lortic fils.*)

   Édition fort rare et NON CITÉE. Elle se compose de 112 ff. non ch. sign. A-O par 8 ff. et est ornée de 14 grandes figures, de vignettes et de bordures gravées sur bois. — Impression rouge et noire; grande marque de Guillaume Godard sur le titre. On remarque la date de 1524 dans la bordure du dernier f.

   Bel exemplaire; petite piqûre de ver, très habilement bouchée, aux premiers ff.

2. Boecio de consolacion ‖ y Vergel de consolaci‖on, en Romance. ‖ (A la fin :) ❡ *Acabada y empͫmida fue la psente obra* ‖ *del Boecio : ⁊ Vergel de de* (sic) *cōsolacion por* ‖ *Iuā Varela de Salamāca : vezino de Sevilla* ‖ *a. xv. dias de otubre :* (1511), 2 parties en 1 vol. in-fol. goth. à 2 col. demirel. v. bleu, plats toile, tr. peigne.

   Belle édition de cette traduction faite par Antonio de Ginebreda. Titre avec encadrement et curieuse figure sur bois.

3. Sébastien Le Clerc. Paysages, cavaliers, chevaux. (Suite dédiée au marquis de Courtanvaux). *Paris, Audran, s. d.* in-8, obl. v. ant. marb.

> Charmante suite de 1 frontispice et 34 planches gravés à l'eau-forte. Épreuves AVANT LES NUMÉROS.

4. GRAVELOT et COCHIN. ALMANACH ICONOLOGIQUE, ou des Arts. *Paris, Lattré,* 1765-1774, 8 vol. in-18, texte gravé, portr. front. et fig. mar. r. dos orné, fil. tr. dor. (*Rel. anc.*)

> Année 1765 : portr. titre gr. et 12 fig. — Années 1767 et 1768, en un vol. : titre gr. et 12 fig. pour 1767, titre gr. et 12 fig. (sans calendrier) pour 1768. — Année 1769 : titre gr. et 11 fig. — Année 1771 : titre gr. et 12 fig. — Année 1772 : titre gr. et 12 fig. — Année 1773 : titre gr. et 12 fig. — Année 1774 : titre gr. et 12 fig.

5. IL COSTUME ANTICO E MODERNO, o Storia del governo, della milizia, della religion, delle arti, scienze ed usanze di tutti i popoli antichi e moderni... dal dottore Giulio Ferrario. *Milano,* 1817-1829, 18 vol. in-fol. pl. et cartes gr. demi-rel. bas. rac. dos orné.

> Ouvrage important très recherché orné de nombreuses planches de costumes.
> Asie, 4 vol. — Europe, 9 vol. — Afrique, 2 vol. — Amérique, 2 vol. — Table générale, 1 vol.
> EXEMPLAIRE DE SOUSCRIPTION, sur GRAND PAPIER VÉLIN, tiré au nom du PRINCE GIUSEPPE CARACCIOLO DI TORELLA, avec les FIGURES COLORIÉES.
> Mouillure en marge de la première partie du tome III et un cahier détaché au tome VI de l'*Europe.*

6. Journal des Dames et des Modes. *Paris, 5 janvier, 1815 — 31 décembre 1816,* 36 numéros en 1 vol. in-8, pl. cart.

> Numéros divers des dix-septième et dix-huitième années de la curieuse et importante collection, commencée par Pierre de La Mésangère sous le nom de *Costumes parisiens.* Ils renferment 41 planches en couleur dessinées par Horace Vernet, dont elles portent le monogramme.
> Taches au verso de deux planches.

7. L'Art de monter à cheval, ou Description du Manège moderne dans sa perfection; expliqué par des leçons nécessaires et représenté par des figures exactes... écrit et dessiné par le Baron d'Eisenberg et gravé par B. Picart. *La Haye, de Hondt,* 1737, in-fol. obl. front. et 59 pl. sur cuivre, cuir de R. fil. comp. et milieu à fr.

> *Ex-libris* de HOHENLOHE.

8. LES ŒUVRES ET MESLANGES POÉTIQUES D'ESTIENNE JODELLE, sieur du Lymodin, revues et augmentées en cette dernière

édition. *Paris, Chesneau et Mamert Patisson*, 1583, in-12,
mar. vert, dos orné, fil. tr. dor. (*Padeloup.*)

Jolie édition, rare.
On trouve dans cet exemplaire l'*Ode de la Chasse* et l'*Ode au comte
d'Alcinois.*

9. Opere del divino poeta Danthe con suoi comenti recorrecti
et con ogne diligentia novamente in littera cursius im-
presse. (A la fin :) *Impressa in Venetia per Miser Bernardino
Stagnino da Trino de Monferra. Del. M.CCCCC.XX.
Adi XXVIII Marzo* (1520), in-4 de 12 ff. prél. non ch. et
440 ff. de texte mal ch. titre en car. r. encadr. sur bois, fig.
sur bois, vélin à recouvr. milieu à fers azurés, tr. dor. et
ciselée. (*Pagnant.*)

Édition rare et recherchée, composée de 440 ff. et non de 442 comme
l'indique Brunet; elle est ornée de jolies figures sur bois, très bien
exécutées.
Bel exemplaire avec sa tranche ancienne conservée.

10. LA TESEIDE, OVERO AMAZONIDE. (En-tête du premier
f. :) Adsit principio virgo beata meo. ‖ (A la fin :)

*Hoc opus impressit Theseida nomine dictū
Bernardo genitus bibliopola puer :
(Augustinus ei nomen) : cū dux bon' urbem
Herculeus princeps ferrariam regeret.
Mᵒ CCCCᵒ LXXV.*

S. l. (1475), in-fol. de 164 ff. non ch. car. ronds, mar. r.
jans. dent. int. tr. dor. (*Pagnant.*)

PREMIÈRE ET RARISSIME ÉDITION de ce poème en octaves, écrit par
Jean Boccace, et accompagné d'une glose de Pietro Andrea de' Bassi.
Elle a été imprimée à Ferrare, chez Agostino Carnerio.
Exemplaire grand de marges, conforme à la description donnée par
Gamba, mais sans le cinquième f., indiqué comme blanc par ce bi-
bliographe. Deux timbres de bibliothèques sur le premier f.; quatre
ou cinq ff. ont la marge inférieure refaite.

11. Œuvres de Crébillon (père). *Paris, Impr. de P. Didot,*
1818, 2 vol. in-8, portr. par St-Aubin et 9 fig. de Moreau,
mar. vert à long grain, dos ornés, dent. tr. dor. (*Rel. de
l'époque.*)

Exemplaire sur PAPIER VÉLIN avec les figures AVANT LA LETTRE.

12. Prigione d'Amore commedia nuova, del eccelentiss. Sign.
Sforza Oddi. *Venetia, Filippo Gionti*, 1591, in-12 de 112 ff. ch.

car. ronds, fig. sur bois, mar. r. fil. à fr. dent. int. tr. dor.
(*Lortic.*)

> Édition fort rare, non citée par Brunet; elle est ornée de 52 curieuses figures sur bois.
> Bel exemplaire.

13. Fiammetta de ‖Boccacio. ‖ (A la fin :) *Fiorenza, Bernardo di Philippo di Giunta*, 1533, in-8, car. ital. mar. r. à long grain, dos orné, fil. tr. dor. (*Rel. anc.*)

> Très bonne édition, la plus correcte.
> Exemplaire réglé provenant de la bibliothèque de A.-A. RENOUARD; témoins.

14. LE DÉCAMÉRON DE JEAN BOCCACE. (*Paris*), *Londres*, 1757, 5 vol. in-8, front. portr. fig. et culs-de-lampe, par Gravelot, Boucher, Cochin et Eisen, v. ant. rac. dos orné, fil. tr. marb.

> Un des plus jolis livres illustrés du XVIIIe siècle.
> *Ex-libris* de GRASSET.

15. ŒUVRES DE J. DE LA FONTAINE. Nouvelle édition, revue, mise en ordre et accompagnée de notes, par C. A. Walckenaer. *Paris, Lefèvre*, 1827, 6 vol. gr. in-8, portr. d'après Rigaud et 25 figures par Moreau le jeune, cuir de Russie, dos et plats ornés de comp. de fil. dent. int. tr. dor. (*Purgold.*)

> Bel exemplaire sur GRAND PAPIER VÉLIN avec la suite des figures de Moreau en double état : AVANT LA LETTRE et les rarissimes EAUX-FORTES.
> On y a ajouté ; 1° La suite des 12 figures in-8 de Bergeret, gravées par Aze, en épreuves AVANT LA LETTRE : rares. — 2° 2 figures de Girardet en épreuves AVANT LA LETTRE, sur blanc et sur CHINE. — 3° Portrait de La Fontaine, gravé par Roger, épreuve AVANT LA LETTRE, sur CHINE et une figure de Desenne en épreuves AVANT LA LETTRE sur blanc et sur CHINE. — En tout 19 pièces ajoutées.
> Taches d'humidité à quelques planches.

16. ŒUVRES COMPLÈTES DE DORAT (comprenant les Baisers, les Fables, etc.). *Paris, Delalain*, 1770-1792, 20 vol. pet. in-8, portr. et fig. demi-rel. bas. r. à long grain.

> Réunion complète de tous les ouvrages de Dorat, si recherchés pour les ravissantes illustrations d'Eisen, de Marillier, de Quéverdo dont ils sont ornés.

17. Le Occorenze humane per Nic Liburnio composte. *Vinegia, in casa di Aldo*, 1546, pet. in-8, car. ital. mar. La Vall. jans. dent. int. tr. dor. (*Hardy.*)

> ÉDITION ORIGINALE d'un ouvrage renfermant de nombreuses particu-

larités sur l'histoire littéraire. L'auteur y parle des savants de son temps, de quelques grandes bibliothèques, surtout de la Bibliothèque Royale de Paris, dont il fait un grand éloge.

Exemplaire aux armes du BARON SEILLIÈRE.

18. Fastes de la Nation Française... par Ternisien d'Haudricourt. *Paris, Decrouan, s. d.* 3 vol. gr. in-4, très nombr. fig. à mi-page par Couché, Laffitte, Swebach, etc. avec texte gr. demi-rel. mar. r. à long grain, dos orné, tr. dor. (*Rel. de l'époque.*)

Édition la plus complète et la plus recherchée.

19. HISTOIRE ET RÈGNE DE LOUIS XI, par Mademoiselle de Lussan. *Paris, Pissot,* 1755, 6 vol. pet. in-8, mar. vert, dos ornés, fil. dent. int. tr. dor. (*Rel. anc.*)

Bel exemplaire aux armes de MADAME VICTOIRE, fille de Louis XV, portant sur les ff. de garde la mention suivante : *Donné par Madame Victoire, ce 1er May* 1756, *Ch. R.* (CHARLES RADZIWIL). — Il provient des ventes du prince RADZIWILL et POTIER.

20. Mémoires du comte de Brienne, ministre et premier secrétaire d'État, contenant les événements les plus remarquables du Règne de Louis XIII et de celui de Louis XIV jusqu'à la mort du Cardinal Mazarin. Composés pour l'instruction de ses enfants. *Amsterdam, Jean-Frédéric Bernard,* 1719, 3 vol. in-8, mar. vert, fil. sur les plats et fil. int. tr. dor. (*Hardy-Mennil.*)

Bel exemplaire, relié sur brochure, aux armes du prince d'ESSLING, de ces mémoires curieux et recherchés. — Nombreux témoins.

21. Pouillé du diocèse de Limoges. — In-4 de 110 ff. mar. r. dos orné, fil. tr. dor. (*Rel. anc.*)

MANUSCRIT du XVIIIe siècle renfermant le tableau des bénéfices et revenus dépendant du diocèse de Limoges.

Ce pouillé, qui présente un réel intérêt historique, renferme de plus une grande carte pliée, gravée et coloriée, des provinces du Limousin et de la Marche, formant le diocèse de Limoges, et 4 estampes gr. par Mariette d'après Bazin, représentant Jésus-Christ ; saint Louis, roi de France ; saint Charles Borromée et saint Étienne.

La reliure est aux armes de Charles DU PLESSIS D'ARGENTRÉ, évêque de Tulle, aumônier de Louis XV.

LIVRES MODERNES

21 *bis*. ARIOSTE. Roland furieux. Traduction nouvelle et en prose par Philipon de la Madelaine. Édition illustrée de 300 vignettes et de 25 magnifiques planches tirées à part sur Chine, par MM. Tony Johannot, Baron, Français et C. Nanteuil. *Paris, Mallet*, 1844, gr. in-8, vign. et pl. sur Chine gr. sur bois, demi-rel. mar. vert foncé avec coins, dos sans nerfs orné de guirlandes et d'armures de chevalier, fil tête dor. non rog. couverture illustrée. (*Pagnant.*)

> PREMIER TIRAGE.
> Bel exemplaire, relié sur brochure, avec sa couverture illustrée.

22. BALZAC (Honoré de). La Cousine Bette. Dix compositions par G. Caïn, gravées à l'eau-forte par Gaujean et Géry-Bichard. *Paris, Quantin*, 1888, in-8, pl. à l'eau-forte, demi-rel. mar. brun avec coins, dos orné sans nerfs, fil. tête dor. non rog. couverture. (*Affolter.*)

> De la *Bibliothèque des Chefs-d'œuvre du Roman contemporain*.

23. — Le Père Goriot. Scènes de la Vie parisienne. Dix compositions par Lynch, gravées à l'eau-forte par E. Abot. *Paris, Quantin*, 1885, in-8, pl. à l'eau-forte, demi-rel. mar. La Vall. avec coins, dos orné sans nerfs, fil. tête dor. non rog. couverture. (*Affolter.*)

> De la *Bibliothèque des Chefs-d'œuvre du Roman contemporain*.

24. — Scènes de la Vie de province. Premier volume. *Paris, Ch. Béchet*, 1834, in-8, demi-rel. mar. citron jans. avec coins, tête dor. ébarbé.

> ÉDITION ORIGINALE d'*Eugénie Grandet*.
> Bel exemplaire de M. J. NOILLY, SUR PAPIER JONQUILLE, auquel on a ajouté le portrait de Balzac, gravé par Lévy.

25. BERNARD (Charles de). Gerfaut. Dix illustrations de Adolphe Weisz, gravées à l'eau-forte par H. Manesse. *Paris, Quantin*, 1889, in-8, pl. à l'eau-forte et vign. sur bois, demi-rel. mar. olive avec coins, dos orné sans nerfs, fil. tête dor. non rog. couverture. (*Rousselle.*)

> De la *Bibliothèque des Chefs-d'œuvre du Roman contemporain*.

26. BIBLIOTHÈQUE Charpentier (petite). *Paris, Charpentier*, 1877-1888, 38 vol. in-16, portr. et pl. à l'eau-forte et héliogr. d'après Desmoulin, Fau, Ferdinandus, Fraipont, Jeanniot, Manesse, J.-P. Laurens, Morin, etc., demi-rel. chag. brun, rouge, bleu, vert ou citron, dos ornés, non rog. couvertures.

Exemplaires numérotés sur GRAND PAPIER DE HOLLANDE, avec les figures AVANT LA LETTRE.
About. Tolla. — Chénier. Poésies. — Daudet. Contes. — Fabre : Le Chevrier; Julien Savignac; 2 vol. — Flammarion. La Pluralité des mondes habités. — Th. Gautier : Emaux et Camées ; Fortunio; Les Jeunes-France; Mademoiselle Dafné; Mademoiselle de Maupin; 6 vol. Gœthe. Werther. — Edm. et J. de Goncourt. Germinie Lacerteux. — Horace. Odes. — Léopardi. Poésies. — Malot. Une Bonne affaire. — Maupassant. Contes. — Catulle Mendès. Contes. — Michelet. La Montagne. — Prévost. Manon Lescaut. — Retz. Pensées. — Saint-Germain. Pour une épingle. — Theuriet : Contes de la Forêt; Raymonde ; 2 vol. A. de Vigny : Cinq-Mars; Le Journal d'un Poète; Poésie; Servitude et grandeur militaires ; Stello ; Théâtre ; 8 vol. — Virgile. Bucoliques et Géorgiques. — Zola : Contes à Ninon; Nouveaux contes à Ninon ; Thérèse Raquin; 3 vol..

27. Petite Bibliothèque littéraire. Auteurs anciens. *Paris, Lemerre*, 1870-1880, 16 vol. pet. in-12, portr. et front. gr. à l'eau-forte, demi-rel. chag. poli brun, vert ou rouge, dos ornés, non rog. couvertures.

Arioste. Roland furieux; 4 vol. — Chénier. Œuvres poétiques ; 3 vol. — Hamilton. Mémoires de Grammont. — Le Sage : Le Diable boiteux, 2 vol. ; Gil Blas, 4 vol.; Théâtre, 1 vol. — Prévost. Manon Lescaut.

28. Petite Bibliothèque littéraire. Auteurs contemporains. *Paris, Lemerre*, 1872-1882, 38 vol. pet. in-12, front. et portr. à l'eau-forte, demi-rel. chag. poli de diverses couleurs, dos ornés, non rog. couvertures.

Anthologie des prosateurs français. — Th. de Banville : Les Cariatides ; Comédies ; les Exilés; les Princesses; Occidentales; le Sang de la Coupe; 5 vol. — Barbey d'Aurevilly : Les Diaboliques: l'Ensorcelée; Une Vieille Maîtresse; 4 vol. — Baudelaire. Les Fleurs du Mal. — Brizeux : Les Bretons; Histoires poétiques; Marie, Helen Arvor, Furnez Breiz; 4 vol. — François Coppée : Poésies; Théâtre ; Vingt Contes nouveaux; 4 vol. — Flaubert: Madame Bovary; 2 vol. — Edm. et J. de Goncourt; Germinie Lacerteux; Renée Mauperin; Sœur Philomène; 3 vol. — Gozlan : Aristide Froissard ; les Émotions de Polydore Marasquin; 2 vol. — Victor Hugo. La Légende des siècles, 2 vol. — André Lemoyne. Les Charmeuses, les Roses d'antan. — Le Livre des Sonnets. — Xavier de Maistre ; Œuvres et Œuvres inédites ; 3 vol. — Sainte-Beuve. La Poésie française au XVI° siècle; 2 vol. — Soulary. Œuvres poétiques. — Sully-Prudhomme : Poésies; Stances et Poèmes ; 2 vol.

*

29. BRILLAT-SAVARIN. Physiologie du goût, avec une préface par Ch. Monselet. Eaux-fortes par Ad. Lalauze. *Paris, Libr. des Bibliophiles*, 1879, 2 vol. in-12, portr. et 52 fig. à l'eau-forte, demi-rel. mar. citron avec coins, dos orné, fil. tête dor. non rog. couvertures. (*Pagnant.*)

De la *Petite Bibliothèque artistique*.
Rare.

30. CATALOGUE illustré des livres précieux, manuscrits et imprimés, faisant partie de la bibliothèque de M. Ambroise Firmin-Didot. *Paris, Adolphe Labitte*, 1878-1884, 6 vol. pl. — Catalogue illustré des dessins et estampes précédé d'introductions par Ch. Blanc et G. Duplessis. *Paris*, 1887, pl. — Ens. 7 vol. in-4, pl. demi-rel. mar. r. avec coins, tête dor. non rog. (*Pagnant.*)

Exemplaire sur GRAND PAPIER DE HOLLANDE, orné de nombreuses planches sur bois, en photogravure, héliogravure et chromolithographie, portant le nom de M. POTIER, ancien libraire.
On y a ajouté les tables des noms d'auteurs suivies des listes des prix d'adjudication.
Le catalogue des Estampes est relié par Smeers.

31. CENT NOUVELLES NOUVELLES (Les Dix dizaines des), réimprimées par les soins de D. Jouaust, avec notice, notes et glossaire par Paul Lacroix. Dessins gravés de Jules Garnier. *Paris, Librairie des Bibliophiles*, 1874, 10 fasc. en 4 vol. in-16, tirés in-8, pl. en héliogravure, demi-rel. mar. r. avec coins, tête dor. non rog. couvertures.

Un des 15 exemplaires sur GRAND PAPIER DE CHINE, avec les figures en double état : avec et AVANT LA LETTRE.

32. CLARETIE (Jules). Monsieur le Ministre. Dix compositions par Adrien Marie, gravées à l'eau-forte par Wallet. *Paris, Quantin, s. d.* in-8, pl. à l'eau-forte, demi-rel. mar. La Vall. avec coins, dos orné sans nerfs, fil. tête dor. non rog. couverture. (*Affolter.*)

De la *Bibliothèque des Chefs-d'œuvre du Roman contemporain*.

33. DAUDET (Alphonse). Sapho, mœurs parisiennes. Dix illustrations de Rejchan, gravées à l'eau-forte par E. Abot et A. Duvivier; vignettes dans le texte par G. Montaigut. *Paris, Quantin*, 1888, in-8, portr. sur le titre par Abot, pl. à l'eau-forte et vign. demi-rel. mar. vert clair avec coins,

dos orné sans nerfs, fil. tête dor. non rog. couverture.
(*Affolter.*)

De la *Bibliothèque des Chefs-d'œuvre du Roman contemporain.*

34. Diable (Le) à Paris. Paris et les Parisiens. Mœurs et
coutumes, caractères et portraits des habitants de Paris...
Texte par MM. George Sand, Balzac, Alphonse Karr, Th.
Gautier, A. de Musset, etc. Illustrations par Gavarni. *Paris,
Hetzel*, 1845-1846, 2 vol. gr. in-8, nombr. fig. et pl. sur
bois, demi-rel. mar. bleu turquoise avec coins, dos ornés
sans nerfs, fil. tête dor. non rog. couvertures illustrées.
(*Pagnant.*)

> Premier tirage.
> Très bel exemplaire, relié sur brochure, avec les couvertures illus-
> trées conservées.

35. Dumas fils (Alexandre). La Dame aux Camélias. Préface
de Jules Janin. Édition illustrée par Gavarni. *Paris, Havard*, 1858, gr. in-8, 20 pl. sur bois, demi-rel. mar. bleu
avec coins, dos sans nerfs orné de comp. dor. et de fleurs
mosaïquées de mar. r. et blanc, fil. tête dor. non rog. couverture illustrée (*Durvand-Thivet.*)

> Premier tirage.
> Bel exemplaire relié sur brochure, avec sa couverture illustrée.

36. Dupont-Auberville. L'Ornement des Tissus. Recueil historique et pratique, édité sous la direction de M. Bachelin-
Deflorenne. *Paris, Ducher*, 1877, in-fol. pl. en chromolithog.
demi-rel. mar. bleu jans. avec coins, tête dor. non rog.
(*Lanscelin.*)

> Bel exemplaire monté sur onglets.

37. Environs (Les) de Paris : paysage, histoire, monuments,
mœurs, chroniques et traditions, ouvrage rédigé par l'é-
lite de la Littérature contemporaine, sous la direction de
MM. Ch. Nodier et Louis Lurine, et illustré de 200 dessins.
Paris, Boizard et Kugelmann, s. d. (1844), gr. in-8, frontispice et planches hors texte, vignettes dans le texte gravées
sur bois, demi-rel. mar. vert foncé avec coins, dos sans
nerfs orné de fil. et de feuilles de laurier, fil. tête dor. non
rog. couverture illustrée. (*Pagnant.*)

> Premier tirage.
> Très bel exemplaire relié sur brochure, avec sa couverture illus-
> trée.

38. FEUILLET (Octave). Monsieur de Camors. Onze compositions, par S. Rejchan, gravées à l'eau-forte par Mᵐᵉ Louveau-Rouveyre, MM. Daumont et Duvivier. *Paris, Quantin,*
1885, in-8, pl. à l'eau-forte, demi-rel. mar. r. avec coins, dos
orné sans nerfs, fil. tête dor. non rog. couverture. (*Affolter.*)

De la *Bibliothèque des Chefs-d'œuvre du Roman contemporain.*

39. FIGARO-SALON. Texte par Charles Yriarte et Albert Wolff.
Paris, Goupil, 1891-1894, 4 années en 23 fasc. gr. in-4
(manque le fasc. 4 de la dernière année), nombr. fig. et pl.
en noir et en couleur.

On a ajouté les n°ˢ du *Figaro illustré* des années 1886 à 1893 ; l'*Il-
lustration-Salon,* années 1887, 1888, 1893 ; l'*Illustration-Noël,* année
1887 et le *Paris-Noël,* années 1895 et 1896. — Ens. 14 fasc. in-4,
nombr. fig. et pl. en noir et en couleur.

40. FLAUBERT (Gustave). Madame Bovary, mœurs de province.
Douze compositions par Albert Fourié, gravées à l'eau-
forte par E. Abot et D. Mordant. *Paris, Quantin,* 1885, in-8,
pl. à l'eau-forte, demi-rel. mar. orange avec coins, dos
orné, sans nerfs, fil. tête dor. non rog. couverture. (*Affolter.*)

De la *Bibliothèque des Chefs-d'œuvre du Roman contemporain.*

41. — Œuvres complètes. *Paris, Quantin,* 1885, 8 vol. gr.
in-8, portr. gr. à l'eau-forte par H. Toussaint, d'après Com-
manville, demi-rel. chag. grenat, dos orné, non rog. couvertures.

Édition définitive publiée d'après les manuscrits originaux.

42. — Salammbô. Dix compositions par A. Poirson, gravées à
l'eau-forte par Mᵐᵉ Louveau-Rouveyre, MM. L. Muller et
G. Mercier. *Paris, Quantin, s. d.* in-8, pl. à l'eau-forte,
demi-rel. mar. grenat avec coins, dos orné sans nerfs, fil.
tête dor. non rog. couverture. (*Affolter.*)

De la *Bibliothèque des Chefs-d'œuvre du Roman contemporain.*

43. FLORIAN. Fables, avec une préface par Honoré Bon-
homme. Dessins d'Émile Adan, gravés à l'eau-forte par
Le Rat. *Paris, Libr. des Bibliophiles,* 1886, in-12, portr. et
6 pl. à l'eau-forte, demi-rel. mar. r. avec coins, dos orné
de feuillage et de fleurs, fil. tête dor. non rog. couverture.
(*Pagnant.*)

De la *Petite Bibliothèque artistique.*

44. FOE (Daniel de). Vie et Aventures de Robinson-Crusoé.
Traduction de Petrus Borel avec huit eaux-fortes par Mouil-

leron; portrait gravé par Flameng. *Paris, Libr. des Bibliophiles,* 1878, 4 vol. in-12, portr. et pl. à l'eau-forte, demi-
rel. mar. vert avec coins, dos orné d'ancres et de fleurs,
fil. tête dor. non rog. couvertures. (*Pagnant.*)

De la *Petite Bibliothèque artistique.*

45. Fromentin (Eugène). Sahara et Sahel. I. Un Été dans le
Sahara. — II. Une Année dans le Sahel. Édition illustrée de
douze eaux-fortes par Le Rat, Courtry et Rajon, d'une héliogravure et de 4 gravures en relief. *Paris, Plon,* 1879, in-4,
papier vélin, fig. pl. en photogravure et à l'eau-forte sur
Chine, demi- rel. mar. vert avec coins, dos orné, fil. tête
dor. non rog. couverture illustrée. (*Pagnant.*)

Premier tirage.
Bel exemplaire.

46. Gavarni. OEuvres choisies, revues, corrigées et nouvellement classées par l'auteur. Études de mœurs contempo-
raines. *Paris, Hetzel,* 1846-1848, 4 tomes en 2 vol. gr. in-8,
demi-rel. chag. r. plats perc.

Premier tirage.
Exemplaire avec les couvertures illustrées conservées aux tomes I
et IV.

47. Gœthe. Werther. Traduction nouvelle, précédée de con-
sidérations sur Werther, et en général sur la poésie de
notre époque, par Pierre Leroux, accompagnée d'une préface par George Sand. Dix eaux-fortes par Tony Johannot.
Paris, Hetzel, 1845, gr. in-8, pl. sur Chine, demi-rel. mar.
r. avec coins. fil. tête dor. non. rog. (*Pagnant.*)

Bel exemplaire du premier tirage.

48. Goncourt (Edmond et Jules). Germinie Lacerteux. Dix
compositions par Jeanniot, gravées à l'eau-forte par L. Muller. *Paris, Quantin,* 1886, in-8, pl. à l'eau-forte, demi-rel.
mar. lilas avec coins, dos orné sans nerfs, fil. tête dor. non
rog. couverture. (*Affolter.*)

De la *Bibliothèque des Chefs-d'œuvre du Roman contemporain.*

49. Grandville. Les Métamorphoses du jour, accompagnées
d'un texte par MM. Albéric Second, Louis Lurine, Ch. Monselet, etc. *Paris, Havard,* 1854, gr. in-8, pl. gr. sur bois et
coloriées à l'aquarelle, demi-rel. mar. r. avec coins, dos
orné, fil. tête dor. ébarbé.

Rare.
Légères taches d'humidité.

50. GRANDE (La) Ville. Nouveau tableau de Paris, comique, critique et philosophique, par Paul de Kock, Balzac, Dumas, Soulié, Gozlan, etc. Illustrations de Gavarni, V. Adam, Daumier, d'Aubigny, Boulanger, Henry Monnier, etc. *Paris, Marescq,* 1844, 2 vol. gr. in-8, front. pl. et nombreuses fig. sur bois, demi-rel. mar. brun avec coins, dos sans nerfs ornés de comp. romantiques, fil. tête dor. non rog. couvertures. (*Pagnant.*)

PREMIER TIRAGE avec titres renouvelés.

Très bel exemplaire, relié sur brochure, avec les couvertures conservées.

51. GUINOT (Eugène). L'Été à Bade, illustré par Tony Johannot, Eug. Lami, Français et Daubigny. Quatrième édition précédée d'une notice sur l'auteur par J. Janin. *Paris, Bourdin, s. d.* gr. in-8, fig. et pl. gr. sur acier et en couleur, demi-rel. mar. grenat avec coins, dos sans nerfs orné d'une guirlande de feuilles et de fleurs, fil. tête dor. non rog. couverture illustrée. (*Pagnant.*)

Très bel exemplaire relié sur brochure.

52. HAVARD (Henry). Dictionnaire de l'Ameublement et de la Décoration, depuis le XIIIᵉ siècle jusqu'à nos jours. Ouvrage illustré de 256 planches hors texte et de plus de 2 500 gravures dans le texte. *Paris, Quantin, s. d.* 4 vol. in-4, à 2 col. nombr. fig. et pl. en noir et en couleur, cart. non rog.

53. HOFFMANN. Contes fantastiques tirés des *Frères de Sérapion* et des *Contes nocturnes.* Traduction de Loève-Veimars, avec une préface par G. Brunet. Onze eaux-fortes par Ad. Lalauze. *Paris, Libr. des Bibliophiles,* 1883, 2 vol. in-12, portr. et pl. à l'eau-forte, demi-rel. mar. La Vall. avec coins, dos orné et mosaïqué de fleurs blanches et bleues, fil. tête dor. non rog. couvertures. (*Pagnant.*)

De la *Petite Bibliothèque artistique.*

54. HUART (Louis). Paris au Bal. 50 vignettes par Cham (de Noé). *Paris, Aubert, s. d.* (1845), in-8, vign. sur bois, demi-rel. mar. grenat avec coins, dos sans nerf orné à petits fers, fil. tête dor. non rog. couverture illustrée. (*Pagnant.*)

Bel exemplaire relié sur brochure, avec sa couverture illustrée, de ce livre très rare.

55. HUGO (Victor). Œuvres complètes. Romans V, VI, VII. Notre-Dame de Paris. *Paris, Eugène Renduel,* 1836, 3 vol.

in-8, front. et fig. demi-rel. mar. r. dos orné, non rog.
couvertures.

Édition parue sous la même date que la première édition illustrée ;
elle est ornée des mêmes 12 figures (y compris le frontispice) de L. Boulanger, Alfred et Tony Johannot, Raffet, Rogier et Rouergue, gravés
sur acier.
Mouillure à quelques ff. du tome I.

56. Imitation (L') de Jésus-Christ. Traduction de Michel de
Marillac. Compositions par J.-P. Laurens gravées à l'eau-
forte par Léopold Flameng. *Paris, Quantin*, 1878, in-8,
texte encadré d'un fil. r. 10 pl. à l'eau-forte, demi-rel. mar.
brun avec coins, dos orné, fil. tête dor. non rog. couverture. (*Pagnant.*)

Bel exemplaire, un des 100 tirés sur GRAND PAPIER DE CHINE (n° 58).

57. Janin (Jules.) L'Ane mort, édition illustrée par Tony
Johannot. *Paris, Bourdin*, 1842, gr. in-8, portrait gravé
sur acier par Revel, front. pl. hors texte et vignettes gravés sur bois demi-rel. mar. vert foncé avec coins, dos sans
nerf orné d'une tête d'âne et de comp. à petits fers, fil. tête
dor. non rog. couverture illustrée. (*Pagnant.*)

PREMIER TIRAGE.
Bel exemplaire relié sur brochure, avec sa couverture illustrée.

58. La Fontaine. Contes publiés par D. Jouaust, avec une
préface de Paul Lacroix. Dessins d'Ed. de Beaumont, gravés à l'eau-forte par Boilvin. *Paris, Libr. des Bibliophiles*,
1885, 2 vol. in-12, portr. et 10 pl. à l'eau-forte, demi-rel.
mar. bleu avec coins, dos orné d'oiseaux se becquetant,
fil. tête dor. non rog. couvertures. (*Pagnant.*)

De la *Petite Bibliothèque artistique*.

59. Lamartine (A. de). Raphaël, pages de la vingtième année.
Dix compositions par Ad. Sandoz, gravées à l'eau-forte par
Champollion. *Paris, Quantin, s. d.* in-8, pl. à l'eau-forte,
demi-rel. mar. bleu avec coins, dos orné sans nerfs, fil.
tête dor. non rog. couverture. (*Affolter.*)

De la *Bibliothèque des Chefs-d'œuvre du Roman contemporain*.

60. Le Sage. Le Diable boiteux, illustré par Tony Johannot,
précédé d'une notice sur Le Sage, par M. Jules Janin. *Paris,
Bourdin*, 1840, gr. in-8, front. sur Chine et nombr. fig. sur
bois, demi-rel. mar. bleu avec coins, dos sans nerfs orné

d'une guirlande de feuilles et de fleurs, fil. tête dor. non rog.
couverture illustrée. (*Pagnant.*)

PREMIER TIRAGE.
Bel exemplaire relié sur brochure.

61. LOUVET DE COUVRAY. Les Aventures du chevalier de Faublas. Édition illustrée de 300 dessins par MM. Baron, Français et C. Nanteuil, précédée d'une notice sur l'auteur par
V. Philipon de La Madelaine. *Paris, Mallet,* 1842, 2 vol. gr.
in-8, vignettes gravées sur bois, demi-rel. mar. bleu avec
coins, dos sans nerfs orné de comp. de fil. tête dor. non
rog. couverture illustrée. (*Pagnant.*)

PREMIER TIRAGE.
Très bel exemplaire, relié sur brochure, avec ses couvertures illustrées.

62. — Les Amours du Chevalier de Faublas, avec une préface
par Hippolyte Fournier. Dessins de Paul Avril, gravés à
l'eau-forte par Monziès. *Paris, Libr. des Bibliophiles,* 1884,
5 vol. in-12, portr. et 15 pl. à l'eau-forte, demi-rel. mar.
grenat avec coins, dos ornés des attributs de l'Amour, fil.
tête dor. non rog. couvertures. (*Pagnant.*)

De la *Petite Bibliothèque artistique.*

63. MAINDRON (Ernest). Les Affiches illustrées (1886-1895).
Ouvrage orné de 64 lithographies en couleur et de cent
deux reproductions en noir et en couleur, d'après les
affiches originales des meilleurs artistes. *Paris, Boudet,*
1896, gr. in-4, pap. vélin, fig. et pl. en noir et en couleur,
demi-rel. mar. bleu foncé avec coins, dos orné, fil. tête
dor. non rog. couverture illustrée. (*Pagnant.*)

Bel exemplaire de cet ouvrage tiré à un petit nombre d'exemplaires
numérotés.

64. MAISTRE (Xavier de). Voyage autour de ma chambre, suivi
de l'Expédition nocturne. Préface par Jules Claretie. Six
eaux-fortes par Hédouin *Paris, Libr. des Bibliophiles,* 1877,
in-12, portr. et pl. à l'eau-forte, demi-rel. mar. r. avec
coins, dos orné de feuillage et de fleurs, fil. tête dor. non
rog. couverture. (*Pagnant.*)

De la *Petite Bibliothèque artistique.*

65. MANNE (E. D. de). Galerie historique des portraits des
comédiens de la troupe de Voltaire, gravés à l'eau-forte,
sur des documents authentiques, par Frédéric Hillemacher.

Avec des détails biographiques inédits, recueillis sur chacun d'eux. *Lyon, Scheuring,* 1861, in-8, portr. mar. r. dos orné, fil. dent. int. tr. dor. (*Capé.*)

Première édition, rare.
Exemplaire avec la suite des portraits en double état, avec et avant la lettre.

66. Martial. Recueil de notes et eaux-fortes sur Paris pendant les années 1867 et 1870-71, *S. l. (Paris)*, 1867-71, in-fol. 65 pl. gr. à l'eau-forte par Martial et montées sur onglets, demi-rel. mar. r. avec coins, tête dor. ébarbé.

67. Millaud (Albert). Physiologies parisiennes. Illustrations par Caran d'Ache, Job et Trick. *Paris, Libr. illustrée, s. d.* (1887), gr. in-8, nombr. fig. et pl. demi-rel. mar. r. dos orné, non rog. couverture illustrée.

68. Mille (Les) et une Nuits, contes arabes, traduits en françois par Galland. Nouvelle édition... augmentée de plusieurs nouvelles et contes traduits des langues orientales par M. Destains ; précédée d'une notice historique sur Galland, par Charles Nodier. *Paris, Galliot,* 1822-1825, 6 vol. in-8, 6 fig. gr. sur acier d'après Westall, v. vert, dos orné, fil. et comp. dor. dent. et milieu à fr. tr. dor. (*Rel. de l'époque.*)

Bel exemplaire sur grand papier vélin raisin, avec les figures avant la lettre, sur chine. — Très rare.

69. MOLIÈRE. Le Théâtre, collationné minutieusement sur les premières éditions et sur celles des années 1666, 1674 et 1682 ; orné de vignettes gravées à l'eau-forte d'après les compositions de différents artistes, par Frédéric Hillemacher. *Lyon, Scheuring,* 1864-1870, 8 vol. gr. in-8, fig. à l'eauforte, demi-rel. mar. r. avec coins, dos ornés, fil. tête dor. non rog. couvertures. (*Pagnant.*)

Très bel exemplaire numéroté sur grand papier de Hollande (n° 16), relié sur brochure.

70. Nadaud (Gustave) : Chansons populaires. — Chansons de salon. — Chansons légères. Eaux-fortes d'Edmond Morin. *Paris, Libr. des Bibliophiles,* 1879, 3 vol. in-12, 12 pl. à l'eau-forte, demi-rel. mar. bleu avec coins, dos orné de fleurs et de violons, fil. tête dor. non rog. couvertures. (*Pagnant.*)

De la *Petite Bibliothèque artistique.*

71. NODIER (Charles). La Seine et ses bords. Vignettes par
Marville et Foussereau, publiés par M. A. Mure de Pelanne.
Paris, 1836, in-8, fig. et pl. sur bois, cartes, demi-rel. mar.
La Vall. tête dor. ébarbé, couverture. (*Pagnant.*)

> PREMIER TIRAGE.
> Bel exemplaire.

72. PHYSIOLOGIES illustrées par Gavarni, Marckl, Trimolet,
Daumier, Henry Monnier, Lorentz, etc. — *Paris*, 1841-
1842. — Réunion de 40 vol. in-16, vignettes gravées sur
bois, brochés, non rog. couvertures illustrées.

> Physiologies des Amoureux, de l'Argent, du Bas Bleu, du Céliba-
> taire, du Chasseur, du Château des Tuileries, du Chicard (*deux exem-
> plaires*), des Demoiselles de magasin, du Député, de l'Écolier, de
> l'Employé, de l'Étudiant, de la Femme, du Floueur, de la Grisette, de
> l'Homme marié (*deux exemplaires*), du Jour de l'An, du Lion, du
> Musicien, de l'Opéra, du Palais du Luxembourg (*deux exemplaires*),
> du Parisien en province (*deux exemplaires*), de la Parisienne, des
> Physiologies, de la Portière, du Prédestiné (*sur papier jaune*), de la
> Presse, du Protecteur, du Recensement, du Rentier, du Robert Macaire,
> du Théâtre, du Troupier, de l'Usurier, du Voyageur. — La Boussole
> du Mariage, par un vieux roman antique. Douze gravures par Porret.

73. ROUSSEAU (J.-J). Les Confessions. Vignettes par MM. T.
Johannot, H. Baron, K. Girardet, E. Laville, C. Nanteuil,
etc. *Paris*, *Barbier*, 1846, gr. in-8, front. et pl. hors texte
gravés sur bois, vignettes dans le texte, demi-rel. mar. r.
avec coins, dos sans nerfs ornés de fil. et d'une guirlande
de fleurs, fil, tête dor. non rog. couverture illustrée. (*Pagnant.*)

> PREMIER TIRAGE.
> Très bel exemplaire relié sur brochure, avec sa couverture illustrée.

74. — Les Confessions, avec une préface par Marc-Monnier.
Treize eaux-fortes, par Ed. Hédouin. *Paris*, *Libr. des Bibliophiles*, 1881, 4 vol. in-12, portr. et pl. à l'eau-forte, demi-
rel. mar. bleu turquoise avec coins, dos ornés, fil. tête dor.
non rog. couvertures. (*Pagnant.*)

> De la *Petite Bibliothèque artistique.*

75. — Julie, ou la Nouvelle Héloïse, illustrations de Tony
Johannot, Baron, Girardet, etc. *Paris*, *Barbier*, 1845, 2 vol.
gr. in-8, portr. et pl. sur Chine et vign. sur bois, demi-rel.
mar. grenat avec coins, dos sans nerfs orné d'une branche
de lotus, fil. tête dor. non rog. couverture illustrée. (*Pagnant.*)

> Très bel exemplaire relié sur brochure, avec sa couverture illustrée.

76. Rousseau (J.-J.) La Nouvelle Héloïse, avec une préface
par J. Grand-Carteret. Dessins d'Edmond Hédouin, gravés
par lui-même et par Toussaint ; eaux-fortes de Lalauze imprimées dans le texte. *Paris, Libr. des Bibliophiles*, 1889,
6 vol. in-12, portr. pl. en-tête et culs-de-lampe à l'eau-
forte, demi-rel. mar. bleu turquoise avec coins, dos orné,
fil. tête dor. non rog. couvertures. (*Pagnant.*)

De la *Petite Bibliothèque artistique.*

77. Sand (George). La Mare au Diable. Édition enrichie de
dix-sept illustrations composées et gravées à l'eau-forte
par Edmond Rudaux. *Paris, Quantin*, 1889, in-8, pl. à l'eau-
forte, demi-rel. mar. bleu avec coins, dos orné sans nerfs,
fil. tête dor. non rog. couverture. (*Affolter.*)

De la *Bibliothèque des Chefs-d'œuvre du Roman contemporain.*

78. — Mauprat. Dix compositions par Le Blanc, gravées à
l'eau-forte par H. Toussaint. *Paris, Quantin*, 1886, in-8, pl.
à l'eau-forte, demi-rel. mar. grenat avec coins, dos orné
sans nerfs, fil. tête dor. non rog. couverture. (*Affolter.*)

De la *Bibliothèque des Chefs-d'œuvre du Roman contemporain.*

79. Simonin (L.). Les Pierres. Esquisses minéralogiques.
Paris, Hachette, 1869, gr. in-8, nombr. fig. sur bois, 6 pl.
et cartes en couleur, demi-rel. mar. vert, dos orné, fil. tête
dor. ébarbé. (*R. Petit.*)

Bel exemplaire.

80. Vallès (Jules). Jacques Vingtras. L'Enfant. Édition illustrée de 12 eaux-fortes par Renouard. *Paris, Quantin*, 1884,
in-8, pl. à l'eau forte, demi-rel. mar. brun, dos orné, fil.
non rog. couverture.

81. Vicaire (Georges). Manuel de l'Amateur de Livres du XIXe
siècle. 1801-1893. Éditions originales. Ouvrages et pério-
diques illustrés ; Romantiques ; Réimpressions... *Paris,
Rouquette*, 1894-1897, 3 vol. gr. in-8 à 2 col. pap. vélin,
demi-rel. mar. vert foncé, tête dor. ébarbé, couvertures.
(*Pagnant.*)

Tomes I à III et premier fascicule du tome IV, br., les seuls parus.
*L'acquéreur sera tenu de prendre la suite de l'ouvrage au prix de
publication.*

82. Vigny (Alfred de). Cinq-Mars, ou une Conjuration sous
Louis XIII, *Paris, Quantin*, 1889, 2 vol. in-8, portr. et pl.
gr. à l'eau-forte, par Gaujean d'après Dawant, vign. par E.

Mas, demi-rel. mar. bleu avec coins, dos sans nerfs ornés
de fil. et comp. à petits fers, fil. tête dor. non rog. couverture illustrée. (*Ruban.*)

De la *Bibliothèque des Chefs-d'œuvre du Roman contemporain*

83. VOLTAIRE. Romans. (Zadig. — Candide. — L'Ingénu. —
La Princesse de Babylone. — Lettres d'Amabed ; Le Tau-
reau Blanc). Eaux-fortes de Laguillermie. *Paris, Libr. des
Bibliophiles*, 1878, 5 vol. in-12, portr. et 12 pl. à l'eau-forte,
demi-rel. mar. r. avec coins, dos orné de branches de laurier, fil. tête dor. non rog. couvertures. (*Pagnant.*)

De la *Petite Bibliothèque artistique.*

84. VOYAGE OÙ IL VOUS PLAIRA, par Tony Johannot, Alfred de
Musset et P. J. Stahl. *Paris, Hetzel*, 1843, gr. in-8, nombr.
vign. et pl. sur bois, demi-rel. mar. bleu turquoise avec
coins, dos orné sans nerfs, fil. tête dor. non rog. couverture illustrée. (*Pagnant.*)

PREMIER TIRAGE.
Superbe exemplaire rélié sur brochure, avec sa couverture illustrée
conservée.

SUITES DE VIGNETTES

85. ARIOSTE. 17 figures de la suite de Cochin, Eisen, Monnet,
Moreau, etc., pour *Roland furieux*, édition de *Paris, Brunet*, 1775-1783.

La plupart de ces figures sont en plusieurs épreuves, avec ou sans
marges, au nombre de 61, toutes AVANT LA LETTRE et AVANT LE CADRE.

86. BOCCACE. Suite de 1 portrait, 5 frontispices et 108 figures
in-8 (sur 110), par Gravelot, Boucher, Cochin et Eisen, pour
le *Décaméron*, édition de *Londres* (*Paris*), 1757, 5 vol.

Épreuves très grandes de marges ; légère cassure à 1 planche.

87. BOILEAU. Suite de 1 portrait et 6 figures in-8, gr. par
Vinkelès d'après Bernard Picart, pour le *Lutrin*, édition
d'*Amsterdam*, 1772.

Épreuves à toutes marges (sauf le portrait, un peu plus court),
AVANT LA LETTRE.
On y a ajouté les EAUX-FORTES du portrait et de 5 figures.

88. **Cabinet des Fées.** Suite de 89 figures in-8 (sur 108), par Marillier, pour l'édition de *Genève et Paris*, 1785-1789.

Épreuves à toutes marges, sauf 4 qui sont plus courtes.

89. — 69 figures de la suite précédente.

Épreuves à toutes marges, sauf une qui est plus courte.

90. — 81 figures de la suite précédente.

Plusieurs pièces sont répétées; quelques-unes sont à toutes marges; cinq sont AVANT LA LETTRE.

91. **Cervantès.** Suite de 1 titre gr. et 30 fig. in-8, d'après Coypel, gr. par Fokke et Folkema, pour *Don Quichotte*.

Quelques épreuves sont à toutes marges.

92. **Collection des Romans grecs.** Suite de 12 figures in-12 par Dejuinne, Heim, etc., pour l'édition de *Paris, Merlin*, 1822.

Superbes épreuves tirées sur GRAND PAPIER de format in-8, AVANT LA LETTRE, SUR CHINE.

On y a ajouté les EAUX-FORTES de 10 figures, les AVANT LETTRE sur blanc de 3 autres et de plus 3 figures à l'état d'EAUX-FORTES destinées sans doute aux volumes de cette collection restés inédits.

93. — 10 figures de la suite précédente.

Épreuves AVANT LA LETTRE tirées sur grand papier, sur blanc ou sur CHINE. On y a joint 12 autres épreuves également AVANT LA LETTRE ou à l'état d'EAUX-FORTES.

94. **Delille** (Jacques). Suite de 4 figures in-12, de Catel, gravées sous la direction de Bouquet, pour l'*Homme des champs*.

Épreuves AVANT LA LETTRE, tirées à part sur GRAND PAPIER VÉLIN de format in-8, en deux états : noires et COLORIÉES.

95. — La même suite.

5 exemplaires en épreuves AVANT LA LETTRE sur GRAND PAPIER VÉLIN de format in-8.

On y a joint 20 figures diverses de la même suite, également AVANT LA LETTRE.

96. — Suite de 21 figures in-12, dessinées et gravées par Adam, Berlier, Ferdinand, Fortier, Sisco, etc., imprimées par Dien, pour les *Œuvres*, édition *Dalibon*, 1832.

Épreuves AVANT LA LETTRE, à toutes marges, sur PAPIER VÉLIN de format in-8.

97. **Foe** (De). Suite de 1 frontispice et 12 fig. in-18 gr. par Châtelain d'après B. Picart, pour les *Aventures de Robinson Crusoé*, édition *Cazin*, 1784.

Épreuves à toutes marges, sauf deux fortement rognées.

98. Foe (De) 10 figures de la suite précédente.

Ces figures répétées plusieurs fois forment un lot de 76 pièces en épreuves à toutes marges.

99. Gessner. Suite de 1 portrait, 2 titres gravés (sur 3) et 14 figures in-18, de Marillier, pour les *Œuvres complètes*, édition *Cazin*, 1778-1782.

La plupart des épreuves sont grandes de marges et non rognées.

100. — 12 figures de la suite précédente.

Épreuves tirées à part sur papier fort, la plupart de format in-8, avec les légendes *à la pointe sèche*.

101. — 10 figures de la suite précédente.

Épreuves AVANT LA LETTRE, à toutes marges, auxquelles on a ajouté plusieurs exemplaires des mêmes figures, également AVANT LA LETTRE ou avec la légende *à la pointe sèche*, en tout 23 pièces.

102. Laborde (De). 7 figures gr. in-8, par Le Barbier et Moreau, pour les *Chansons*, 1773.

Épreuves à toutes marges AVANT LA LETTRE sur CHINE, auxquelles on a ajouté les épreuves sur blanc de 6 figures, également AVANT LA LETTRE.

103. Legrand d'Aussy. Suite de 15 figures in-8, par Moreau le jeune pour le *Choix et Extraits d'anciens fabliaux du XII*e *et du XIII*e *siècle*, édition *Renouard*, 1829.

La plupart des figures sont répétées plusieurs fois. Toutes sont AVANT LA LETTRE sur blanc, et sur CHINE, où à l'état d'EAUX-FORTES. A part 2 ou 3, elles sont tirées sur PAPIER VÉLIN de grand format. — Ens. 33 pièces.

104. Longus. Suite de 1 portrait-frontispice et 6 figures in-12, gr. à l'eau-forte par Boilvin d'après Prudhon, pour *Daphnis et Chloé*, édition *Lemerre*, 1875.

Épreuves AVANT TOUTE LETTRE, tirées de format in-folio, sur CHINE VOLANT.

105. Molière. Suite de 1 portrait, gravé par Saint-Aubin et 33 figures in-8, de Moreau, gr. par de Ghendt, Girardet, Roger, Simonet, etc. pour les *Œuvres*, édition *Renouard*.

Belles épreuves de la seconde suite de Moreau, tirées AVANT LA LETTRE de format grand in-folio.

106. Prévost (l'abbé). Suite de 74 figures in-8 (sur 77), par Marillier, pour les *Œuvres choisies*, édition d'*Amsterdam et Paris*, 1783-1784, 39 vol.

Belles épreuves.

107. Rousseau (Jean-Jacques). Réunion d'un frontispice, 4 portraits et 56 figures in-8, par Cochin, Le Barbier, Moreau, etc. pour les *Œuvres complètes*, édition *Poinçot* (?).

Très belles épreuves à toutes marges.
Trois figures sont AVANT LA LETTRE.

108. — Suite de 1 portr.-front. par Cochin et 7 fig. in-18, par Moreau, gr. par Lorieux, pour *Émile*.

Épreuves à toutes marges, de format in-12, AVANT LA LETTRE.
Les numéros ont été grattés et changés à 4 pl. On y a ajouté 22 fig. in-18 par Marillier pour la *Nouvelle Héloïse*, *Émile*, *Pygmalion* et le *Devin de village*.

109. Saint-Pierre (Bernardin de). Réunion de figures in-18 de Moreau et Joseph Vernet pour *Paul et Virginie*, édition *Didot*, 1789.

1re figure, 7 exemplaires. — 3e figure, 53 exemplaires dont 4 avant la lettre. — 4e figure, 7 exemplaires.
On a ajouté à ces figures, la plupart à toutes marges, 2 des figures de la suite de Desenne, pour l'édition Janet, chacune en trois exemplaires à l'état d'EAUX-FORTES.

110. — 2 figures de Moreau le jeune pour *Paul et Virginie*, édition *Didot*, 1789 et 2 fig. de Desenne pour le même ouvrage, édition *Janet*. — Ens. 4 pièces in-18.

Épreuves à l'état d'EAUX-FORTES, très rares, tirées sur papier de format in-8.

111. Sterne. Réunion de 38 figures et portraits in-8, pour *Le Voyage sentimental*, éditions diverses.

Quelques pièces sont répétées plusieurs fois. Toutes sont en épreuves à toutes marges.

112. Testament (Nouveau). Suite de 4 frontispices et 85 figures in-8, par Moreau le jeune pour les quatre premiers volumes parus en 1793.

Belles épreuves de choix, la plupart de format in-4; une d'entre elles est AVANT LA LETTRE.

113. Théocrite. Réunion de 60 figures in-8 et in-12 par Le Barbier, Chaudet, Monnet, etc. pour diverses éditions des *Idylles*.

La plupart des épreuves sont à toutes marges; 23 sont AVANT LA LETTRE, 1 à l'état d'EAU-FORTE; quelques-unes sont répétées.

114. Vignettes pour l'illustration des livres. — Réunion de plus de 100 pièces de divers formats.

Chansons de La Borde, 6 fig. de Le Barbier et de Moreau AVANT LA LETTRE. — *Paul et Virginie*, édition *Didot*, 5 fig. in-18, par Moreau. —

Gessner, édition *Cazin*, 8 fig. par Marillier. — Gessner, portr. et 8 fig. de Moreau AVANT LA LETTRE. — *Voyages imaginaires*, 6 fig. par Marillier, à toutes marges. — Etc., etc.

115. VOLTAIRE. — 59 figures de la seconde suite de Moreau le jeune, publiée par *Renouard* pour les *Œuvres complètes*.

Épreuves AVANT LA LETTRE, très rares, tirées de format in-4, mais dont quelques-unes sont rognées.

On a ajouté les doubles de 5 figures, AVANT LA LETTRE, sur CHINE ou en EAU-FORTE.

116. — 26 figures de la suite précédente.

Épreuves AVANT LA LETTRE, de format in-4; quelques-unes rognées.

117. — 11 figures de la même suite.

Épreuves AVANT LA LETTRE, de format in-4, auxquelles on a ajouté 24 doubles ou triples. — Plusieurs pièces sont rognées.

DESSINS, AQUARELLES, ESTAMPES, &.

118. BALLEROY (Albert de). Chiens de chasse.

Dessin aux crayons noir, bleu et sanguine, daté de 1860.
Hauteur : 22 cent. — Largeur : 30 cent.

119. BARRIAS (F.). Jeune italienne appuyée sur les genoux d'une amie assise au bord d'une terrasse.

Jolie aquarelle, datée de 1864.
Hauteur : 30 cent. — Largeur : 22 cent.

120. BASSOMPIERRE SEWRIN. *Viva la Signora!* **Jeune musicien italien agitant en l'air son chapeau.**

Joli dessin au crayon noir, rehaussé d'aquarelle et daté de 1860.
Hauteur : 32 cent. — Largeur : 20 cent.

121. BAYARD (Émile). Portrait de Beaumarchais et personnages de son théâtre. — Ens. 7 pièces.

Charmantes aquarelles.
Hauteur : 29 cent. — Largeur 23 cent.

122. BAYARD (Émile). Portrait de La Fontaine et personnages de son théâtre. — Ens. 5 pièces.

Charmantes aquarelles.
Hauteur : 34 cent. — Largeur : 25 cent.

123. BAYARD (Émile). Portrait de Regnard et personnages de son théâtre. — Ens. 5 pièces.

Charmantes aquarelles.
Hauteur : 30 cent. — Largeur : 23 cent.

124. BOURLET (A.). Paysage de la campagne romaine.

Aquarelle.
Hauteur : 11 cent. — Largeur : 16 cent.

125. BOUTERWEK (F.). Flore. (La déesse est représentée tenant élevée dans ses mains une corbeille d'où s'échappent des fleurs.)

Charmante aquarelle datée de 1860.
Hauteur : 18 cent. — Largeur : 22 cent.

126. CAIN. Paysage.

Charmante aquarelle datée de 1860.
Hauteur : 11 cent. — Largeur : 14 cent.

127. CIBOT (Édouard). La Promenade. (Un cavalier du siècle dernier tenant sa dame par la main.)

Joli dessin au crayon noir rehaussé de blanc.
Hauteur : 24 cent. — Largeur : 33 cent.

128. CICÉRI (Eugène). Paysage, avec une grotte au premier plan.

Jolie aquarelle datée de 1861.
Hauteur : 11 cent. — Largeur : 17 cent.

129. COSSMANN (M.). Paysan italien.

Jolie aquarelle.
Hauteur : 33 cent. — Largeur : 23 cent.

130. DESSINS au crayon, à la plume et à l'aquarelle. — Réunion de 44 pièces.

Paysages exotiques, marines, sujets divers, fleurs (23 aquarelles).

131. DESSINS originaux.

1. DEGOFFE. Bergers italiens sur la montagne.
Dessin à la sanguine. (Hauteur : 20 cent. — Largeur : 32 cent.)
2. JOLLIVET (Jules). *Chez Périclès.* (Un groupe d'invités des deux sexes admirent les objets d'art que le maître de la maison leur présente.)
Charmant dessin au crayon et au lavis. (Hauteur : 21 cent. — Largeur : 29 cent.)
3. LEFEBVRE (Charles). Jeune femme orientale appuyée contre un arbre.
Dessin au crayon noir. (Hauteur : 48 cent. — Largeur : 31 cent.)
4. SAINT-FRANÇOIS (L.). Paysage oriental.
Dessin au crayon noir. (Hauteur : 27 cent. — Largeur : 20 cent.)
5. COROT. Paysage.
Croquis au crayon non signé portant au bas : *Ste Suzanne; 1851.*

132. Devéria. Figure du *Mariage forcé* de Molière, pour l'édition de *Desoer*, 1819-1825.

Joli dessin à la sépia, rehaussé de blanc.

133. DEVÉRIA. PORTRAITS EN PIED pour la collection Jannet. — Réunion de 14 portraits sous passe-partout dans des cadres de bois sculpté et doré.

Charmants dessins a la sépia, représentant J.-J. Barthélemy, lord Byron, Chateaubriand, André Chénier, Corneille, Demoustier, Destouches, Diderot, Fontenelle, Ninon de Lenclos, Marmontel, Montaigne, Pascal et Racine.

Dimension des portraits : (H. 90 mill. — L. 64 mill,); des cadres : (H. 39 cent. — L. 31 cent.)

134. Flandrin (Paul). Charge de cavalerie.

Joli dessin à la plume, daté de 1860.
Hauteur : 18 cent. — Largeur : 28 cent.

135. Gosse (N.). *L'Été.* (Femme nue couchée sur des gerbes de blé et entourée d'amours).

Jolie aquarelle formant panneau, datée de 1860.
Hauteur : 27 cent. — Largeur : 19 cent.

136. Jacquand (Claudius). Moine lisant la Bible.

Très joli dessin au crayon noir rehaussé de blanc, daté de 1860.
Hauteur : 47 cent. — Largeur : 34 cent.

137. Maillot (T.). Garde française fumant.

Joli dessin au crayon noir daté de 1861.
Hauteur : 25 cent. — Largeur : 14 cent.

138. Norblin (S.-L.-W.). Scène mythologique.

Très joli dessin au lavis à plusieurs teintes.
Hauteur : 22 cent. — Largeur : 29 cent.

139. Riesener (A.-L.). *La Marguerite*, allégorie pastorale.

Jolie aquarelle datée de 1860.
Hauteur : 31 cent. — Largeur : 24 cent.

140. Viger (Hector). *Heureux message.* (Une ronde d'amours entourant une jeune fille lisant une lettre).

Jolie aquarelle de forme médaillon.
Hauteur : 17 cent. 1/2. — Largeur : 12 cent. 1/2.

141. Wuguermann (?) Brebis mangeant une gerbe de fleurs posée sur les genoux d'une italienne endormie au pied d'un arbre. — Amoureux italiens auprès d'un puits.

Deux aquarelles faisant pendant.
Hauteur : 67 cent. — Largeur : 49 cent.

142. YVON (Adolphe). Jeune paysanne berçant son enfant.
Joli pastel rehaussé de gouache.
Hauteur : 37 cent. — Largeur : 26 cent.

---

143. CHAMPAIGNE (Ph. de). Saint Pierre et Saint Paul, 2 estampes in-fol. (dont l'une avec marges), gr. par Morin.

144. EAUX-FORTES et lithographies d'après Decamps, Delacroix,
Diaz, Dupré, Français, Gérôme, Rosa Bonheur, Th. Rousseau, etc., etc. — Réunion de 50 estampes de format petit
in-fol.
Très belles épreuves AVANT LA LETTRE, sur CHINE, de ces figures formant la première série des *Peintres vivants*, édités chez *Goupil,
Vibert et Cie* en 1851.

145. ESTAMPES anciennes. Paysages, marines, reproductions
de tableaux, vues de monuments de Paris, du château de
Versailles et de Trianon, etc., d'après Chastelet, Carrache,
Mieris, Ozanne, Piranesi, Robert, le Titien, Véronèse, etc.
— Réunion d'environ 50 pièces de divers formats.

146. ESTAMPES. — Scènes de chasse, Marines, Scènes Villa-
geoises d'après Berghem et J. Vernet. — Réunion de
20 pièces très grand in-fol. gr. par Aliamet, Daullé, Du-
four, Dauret, Le Bas, Martini, etc.

147. ESTAMPES modernes. Reproductions de tableaux de Bau-
dry, David, Decamps, Delaroche, Gavarni, Harpignies, Meis-
sonnier, Léopold Robert, Verdier, etc. et paysages en couleur et à l'aqua-tinte, par Garneray, Rathbone, etc. —
Réunion de 24 pièces in-8, in-4 et in-fol. pour la plupart
gr. à l'eau-forte, dans un carton.
Plusieurs pièces sont AVANT LA LETTRE ou tirées sur CHINE.

148. MOREAU (Gustave). Eaux-fortes diverses. — Réunion de
6 pièces sous passe-partout, dans des cadres moulés et
dorés.
Superbes épreuves d'artiste AVANT TOUTE LETTRE sur JAPON.
Dimension des estampes : (H. 37 cent. — L. 27 cent.); des cadres
(H. 85 cent. — L. 53 cent.), trois de ces derniers sont sans verre.

149. POUSSIN (Nicolas). Bacchanales; 2 estampes in-4 obl. gr.
par Abraham Girardet (les paysages par Fortier) en 1817.
Belles épreuves AVANT LA LETTRE, collées sur carton; cassure dans
la marge d'une des pièces.

150. LITHOGRAPHIES. — Réunion de 17 pièces in-8 et in-4.

8 lithographies en noir d'après Alophe, Fleury, Gavarni, Hébert, etc. — 9 lithographies en couleur d'après Boulanger, Gavarni, Grandville et Leblanc.

La plupart de ces pièces sont de PREMIER TIRAGE.

151. TOPFFER. Voyages en zigzag. *Paris, Dubochet*, 1844.

Grande affiche illustrée de la publication de cet ouvrage.

Jolie lithographie non signée. — Hauteur: 71 cent. — Largeur: 55 cent.

Belle épreuve à laquelle on a ajouté 3 autres affiches illustrées : *Almanach prophétique pour* 1846 (lithographie en couleur de Ch. Vernier). — *Mémoires d'un centenaire*. — *Les Enfants peints par eux-mêmes*.

152. PHOTOGRAPHIES. — Reproductions des principaux chefs-d'œuvre de peinture des grands musées de l'Europe, et des maîtres modernes. — Réunion de 170 pièces in-4 et in-fol. montées sur bristol, dont 78 en photographie teintée, procédé Braun.

N° 852

Paris. — Typ. Chamerot et Renouard, 19, rue des Saints-Pères. — 36181.

EM. PAUL ET FILS ET GUILLEMIN

LIBRAIRES DE LA BIBLIOTHÈQUE NATIONALE

28, RUE DES BONS-ENFANTS, 28

VIENT DE PARAITRE :

NOUVELLES ÉTUDES SUR LA BIBLIOGRAPHIE ELZÉVIRIENNE

SUPPLÉMENT

À L'OUVRAGE SUR

LES ELZEVIER

De M. Alphonse WILLEMS

PAR

G. BERGHMAN

Beau volume grand in-8 de XVII-174 pages. . . . . **6 fr.**
Sur grand papier vergé de Hollande . . . . **12 fr.**

Ce Supplément, fait avec la collaboration de M. Willems, complète, par les nouvelles recherches faites depuis leur publication, les *Annales des Elzevier*.
Il n'a été tiré qu'à 500 exemplaires imprimés sur deux colonnes, avec les mêmes caractères que ceux employés pour l'ouvrage dont il est le complément.

EN VENTE :

LES ELZEVIER

HISTOIRE ET ANNALES TYPOGRAPHIQUES

Par ALPHONSE WILLEMS

Un beau volume grand in-8, cartonné, et quelques exemplaires sur papier de Hollande, divisés en 2 volumes.

Cet ouvrage de CCLIX-607 pages à deux colonnes, orné de planches, peut être considéré comme le dernier mot de ce qu'il y a à dire sur les célèbres imprimeurs hollandais et sur les ouvrages sortis de leurs presses ; il remplace tous les travaux traitant du même sujet, y compris les *Annales de Pieters*.

PRIX AVEC LE SUPPLÉMENT DE M. G. BERGHMAN :

Sur papier ordinaire . . . . **30 fr.**
Sur grand papier . . . . **50 fr.**

ÉM. PAUL ET FILS ET GUILLEMIN
LIBRAIRES DE LA BIBLIOTHÈQUE NATIONALE
28, RUE DES BONS-ENFANTS, 28

EN VENTE :

(Ouvrage couronné par l'Institut, Prix Brunet)

BIBLIOGRAPHIE
DES ÉDITIONS DE
SIMON DE COLINES
1520-1546
Par PH. RENOUARD

Avec une Notice biographique et 37 reproductions en fac-similé

Très beau volume in-8 raisin de VIII-518 pages. Tiré à 350 exemplaires. — Prix. **40** fr.

Il a été tiré aussi un exemplaire sur peau de vélin et un exemplaire sur parchemin.

La bibliographie des éditions de Simon de Colines complète l'*Histoire de la famille des Estienne et de ses éditions* d'Ant.-Aug. Renouard. D'une conception plus moderne, elle donne in-extenso les titres de chaque volume, avec les abréviations et les coupures, la collation, le dépouillement des pièces liminaires et la liste des bibliothèques publiques qui en possèdent des exemplaires. Un index-alphabétique contenant le nom de tous les auteurs, même de ceux des pièces liminaires, forme un véritable répertoire du monde pensant de la première moitié du XVIe siècle, en même temps qu'un tableau complet des auteurs anciens qui étaient lus à cette époque.

MANUEL
DE
L'AMATEUR D'ILLUSTRATIONS
GRAVURES ET PORTRAITS
POUR L'ORNEMENT DES LIVRES FRANÇAIS ET ÉTRANGERS

Par J. SIEURIN

Un volume in-8, beau papier teinté, broché . . . . **6** fr.
Grand papier de Hollande . . . . **15** fr.

Cet ouvrage est un excellent guide pour les amateurs de livres à vignettes, indispensable pour l'illustration des livres français et étrangers. Il renferme sur les différents états des suites de curieux détails que M. SIEURIN seul connaissait ; il peut être illustré de planches détachées.

Les exemplaires sur grand papier sont presque épuisés.

Paris. — Typographie Chamerot et Renouard, 19, rue des Saints-Pères. — 36482.

www.ingramcontent.com/pod-product-compliance
Lightning Source LLC
Chambersburg PA
CBHW051349060726
47596CB00005B/1842

* 9 7 8 2 0 1 3 6 1 0 7 8 0 *